U0000561

我想躲起來一下

作者 —— *LuckyLuLu*

你已經遇見更好的自己了。

今年的自己，相較於過去幾年，好像又更幸福了。

一直以來，我都被大部分的人定位成「很溫暖、給予許多正能量」的人。但是認識我的人都知道，我一點也不正能量，經常負面思考，而且講話很尖銳。

這樣的我，卻一直寫出與自己個性相反的文字。想著想著，後來我覺得，我寫出來的那些想法，都是我正在建立給自己的觀念。雖然經常覺得這個世界充滿了令人失望的事，經常希望自己可以消失，可是我仍然很想把日子過好、把自己過好，做一個正確的人。

「絕望的人，也能夠往充滿希望的地方走去。」我覺得自己就是個活生生的例子。

儘管人生經歷墜落，卡在泥沼中遲遲無法振作起來的日子是那樣漫長，我還是選擇把視線迎向有陽光的那一邊。久了，就不會害怕自己無法好起來，而且能夠用自己的步調找到痊癒的方法。

再兩個星期就要畢業了，告別學生的身份還真的有點不安。但是同樣的，感受到「做出選擇、為自己負責，並且離自由更進一步」的日子越來越接近，其實也挺讓人興奮的。希望自己能夠更勇敢地面對未來遇到的所有獲得與失去，練習那些自己不夠擅長的應對進退，更加柔和、更加堅毅。

已經遇見更好的自己了，所有人都是。

LuckyLuLu 2020.05

目錄

1

與我無關的
惡意

2

我所構築的
小宇宙

CHAPTER 01

與我無關的惡意

「你的世界,應該是你走過的、你看到的、你經歷的那些,而不是別人口中或眼中的你。太過在乎別人的言語,你的世界就會縮小,可是當你選擇自己去體會,就會發現這個世界,其實沒有盡頭。」

他們說

我後來覺得，與其努力讓每個人都喜歡自己，不如努力成為自己喜歡的自己。

有時候聽到別人對自己的評論會覺得有些慌張，解釋也不是、不解釋也不是。當一個不夠了解我的人，說出一些對我的看法或意見的時候，我開始學著讓他們只是經過我的耳朵，而不是進到我的心裡。

當一個人越了解自己的時候，就越不容易被別人的眼光控制，因此去做正確的事、當一個正確的人。在我無數次為了別人所說的話

感到失落之後，這些想法不知不覺積累成我的生活態度。試著克服那些生活中偶爾遭遇的惡意，其實可以讓自己越來越堅強，不是目中無人的那種自大感，而是對於自己的所作所為有一股信念的那種自信感。

儘管有時候還是會被別人的聲音影響，可是更能夠分辨哪些話可以參考、哪些話只是流言。心煩意亂的時候，目光回到自己身上，就能更加清楚地看見自己的價值，然後坦然面對這個世界。

與其努力讓每個人都喜歡自己，
不如努力成為自己喜歡的自己。

與我無關的惡意

我一直都不是一個容易因為別人的攻擊或批評感到受傷的人。倒不是說我的心臟特別強,只是我可以很輕易地分辨出,哪些話需要被認真看待、哪些話可以虛幌而過;哪些話對能夠幫助我成長、哪些話只是別人無聊的嫉妒心。

例如:班上有個跟我不熟、沒講過幾次話的同學說我的閒話,我根本不會放在心上,因為他對我的人生來說一點都不重要。

其實許多雜音是可以透過這個方法過
濾掉的，對不重要的事情、抱持著無
所謂或不在乎的態度，是沒關係的，
畢竟生活中有太多其他事情值得我們
花心思處理。

發現了嗎？只有你愛的人，才有可能
傷到你。

只有你愛的人，
　　才有可能傷到你。

不完美的最美

因為有尚未擁有的東西、尚未到達的地方，所以人有了夢想和努力的動力。

我曾經在一部漫畫作品中看過這樣一句對白：「就算是再好的人，只要認真努力的話，在某些人的故事中，也是會成為壞人的。」* 每次我對自己不夠好的地方感到失望的時候，這段話都能溫柔地安撫我。因為立場不同，看事情的角度也不同，所以永遠都會遇到「對自己來說」不完美的人事物。

人們傾向與同溫層交往及相處，好避開無謂的壓力或是價值觀差距。太過接近完美的人事物，其實容易給人距離感。

大部分的人，比起完美，會更喜歡真實。

生活中總是充滿不完美的事情。這些看似令人討厭的事，其實有效地平衡了人與人之間尖銳的部分。因為自身的不完美，所以更能包容別人不完美的地方。因為不夠完美，所以時時刻刻都能夠成為更好的人。

* 出自於日本小學館連載的漫畫《 貓之寺的知恩姐／
　貓のお寺の知恩さん 》第 56 話

因為不夠完美，
所以時時刻刻都能夠成為
更好的人。

心容量

傷心的時候，比起急著變快樂，接受
自己的傷心其實更能有效幫助自己變
得堅強。

善良的人也有可能碰到不幸運的事，
努力的人有可能碰到挫折，快樂的人
也可能在晚上偷偷掉眼淚。壓力很大
的時候，偶爾垮下來是沒關係的，這
些事，遭遇的時候或許不是那麼快能
被接受，可是他們確實存在。

一顆能夠同時接受好事和壞事的心，
才是完整的心。

接受自己的傷心，
其實更能有效幫助自己變得堅強。

空空遺忘

遺忘是每個人天生獲得的禮物。

有些事發生了,是無法靠時間和調整
心態去原諒的。那種太過強烈的傷痛
或憤怒,不能被治療、不能放下、不
被理解,只能去遺忘。

其實人類的大腦是容易忘記那些帶給
你負面情緒的事件的，所以每當我被
一件事情困住的時候，我都會在心裡
偷偷地唸著：「空空遺忘。」透過這
個儀式性的過程，我就能整頓好自己
的心思，去忘記那些不好的事。

雖然痛苦的回憶還是會偶爾襲來，但
是再痛苦，那都是過去了，總有一天
會被推向長長回憶中的不起眼角落。

再痛苦，那都是過去了。

慢一點的贏家

每一天、每一分、每一秒,都可以成為一個新的開始。許多事情都是這樣的,雖然沒有辦法重新來過,但是永遠都有機會做出修正及調整。

我一直覺得自己是屬於行動力很高的人,如果有了什麼想法或目標,就會馬上開始執行。儘管如此,有些時候還是會停在起跑線前遲遲無法跨出步伐,猶豫著是不是真的該為這件事努力呢?或是看見了前方的人的背影越來越遠,心裡的勇氣就越來越薄弱。

然而，真正會造成失敗的，從來不是起步得晚、步伐走得慢，而是沒有堅持。

很多事情是不需要和別人比較的，尤其在人生道路上實踐理想的時候，每個人的路徑都不同呀，能夠獲得的成長和看見的風景也不同，慢慢走也好、奮力奔跑也好，能夠堅持把那條路走完才是重要的事。

想要跨越心裡的不安的時候，就要想起這件事。要讓自己成為堅持下去的人，而不是永遠無法跨出腳步的人。

慢慢走也好、奮力奔跑也好，
　能夠堅持把那條路走完，
　　　　才是重要的事。

此刻

我並不喜歡和別人分享我構築的未來
是什麼樣子。我是那種事情沒做出
個結果前，就沒辦法享受任何成就感
的人。說好聽點是想得周全，說難聽
點，就是為自己的失敗留個退路。我
經常認為我會失敗，這種悲觀是天生
長在我的身體裡的，不因為我童年經
歷了什麼、或是我遇到了誰。有些悲
觀是天生的，我並不討厭。

相對的，我非常樂於談論我此刻看見
的一切。專注當下的時候，就能感覺
到自己擁有很多。像是陽光舒服的樣

子、剛好進站的捷運、安靜的公車、
與陌生人適度的距離感。

我時常擁有很多好事，卻經常忘了感
受這些好事。每個傷心的時刻，我都
試著提醒自己專注當下，看著許許多
多的好事自然而然的發生。

願我不再被過去束縛，不再對未來遲
疑，好好過完這一刻。

專注當下的時候，
　　就能感覺到自己擁有很多。

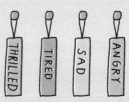

壞事

看過東野圭吾作品改編的電影《人魚沉睡的家》嗎？裡面有段臺詞讓我印象深刻。男主角的父親坐在地爐旁，緩緩地說：「正因為人類內心存有私慾，才造成了許多科技的發展進步。」

大部分的形容詞都可以輕易區分出「好」與「壞」。例如，自私是壞、善良是好、悲傷是壞、快樂是好。可是我永遠可以找到這些好與壞之間的灰色地帶。例如，悲傷常常能夠幫助

我得到靈感，因為悲傷這個情緒會放大所有感官，在一些平常不在意的事情上鑽牛角尖，鑽著鑽著就看見了以前未曾見過的世界。

盡量不對人事物預設立場，就更能接受突如其來的未知狀況；因為沒有預設立場，在處理麻煩或遭遇困難的時候，會因為「這不一定是壞事呀～」而能夠沉下心來好好解決他們。

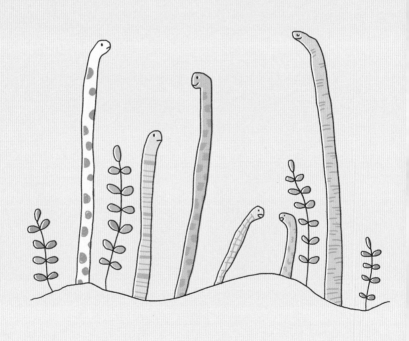

這不一定是壞事呀～

好好做一個「大人」

對我來說，劃分自己由「青少年」變成「成人」的界線，是當我開始遵守自己心中所奉行的那些價值觀的時候。用兩個字概括的話，就是開始對自己「負責」。

我想，每個人心中都有自己理想的成為「大人」的樣子。我理想中的大人，是會把該做的事情做完再休息耍廢的人、能夠自己處理問題不造成別人麻煩的人、有想要的東西會靠自己的能力去爭取的人。

變成大人的過程中，一邊學習活得正確
的方法，一邊找出自己的原則，我想，
人是這樣長大的。

在這邊分享一下我的幾個原則吧。

1. **誠實**
   包含不說「善意的謊言」，謊言就算
   出自善意，它還是謊言。
2. **物歸原處**
3. **獨立自主**

一邊學習活得正確的方法，
　一邊找出自己的原則。

十字路口

我總是可以很快地在一堆選項裡挑出最順眼的那一個。

人生就是無數的選擇、無數的取捨。我覺得，選擇是讓人生往前進步最直接有效的方法。在碰到問題的時候，練習分辨哪些事情對自己來說最重要、或者在做出錯誤的選擇之後，能夠從中瞭解自己需要什麼、該放棄什麼。

關於選擇，我有幾個簡單的原則：

1. 不怕選錯，只怕不做選擇因此停在原地。
2. 猶豫不決的時候可以擲硬幣，對結果不滿意的話，就知道答案了。
3. 不要總是回頭或質疑自己有沒有做對。
4. 詢問別人的意見前，自己要先有半個答案。

做出越多選擇，就離自由更近一步。

做出越多選擇，
　　就離自由更近一步。

焦慮暫停

我是時常被情緒困住的人,是那種會為了小事情非常生氣煩躁的人。幾年下來我找出了幾個可以停止自己無止境處於焦慮狀態的方法:

1. **洗澡。**
   正確來說是打斷此刻在做的事情或思考,我覺得洗澡最有用,洗完後身體跟心都煥然一新。
2. **運動。**
   出門跑跑步或散個步都可有效讓自己的心靜下來。

3. **寫下自己的憤怒或焦躁感。**
   寫下來的過程可以釐清自己到底在糾結什麼事。

煩人的事雖然不會因為上述任何一個辦法獲得解決，但是情緒靜下來後，要解決什麼事都會變得容易許多。

情緒靜下來後，
要解決什麼事，
　都會變得容易許多。

答案

會對未來感到茫然不安，是因為不想做個隨波逐流的人。

人就是這樣，討厭別人替自己決定了一切方向，卻也懷疑自己是不是能夠做好的選擇。於是就在揣懷著這樣猶疑的心情，一邊摸索、一邊前進。

我也是這樣，日子忙碌的時候的時候，時不時會在心裡問著：「這真的是我要的嗎？」「為這件事努力是好的嗎？」已經決定全力以赴的目標，總是因為一些小小的挫折

變得有些模糊不清。

如果說，去思考未來的方向這件事情，是在
寫一張考卷的話，答案一直都是握在自己
手中的。不是誰來定義什麼是對什麼是錯，
而是我寫下了什麼，什麼就成為答案。答
案不只一種，這張考卷也不是只能寫一次。

未來的寬與廣，不是壓在你身上的壓力，
而是包容所有可能性的溫柔。

這就是答案了。

答案一直都是握在自己手中的。

CHAPTER 02

我所構築的
小宇宙

所有長長的路，都是一步一步
走出來的。為了一個崇高的理
想努力，或是為了一個簡單的
目標努力，都是努力。

最重要的是，努力到底，堅持
下去。

溫柔的眼睛

我記得小時候，我罵同學是笨蛋、白痴、大便的時候，班導師就會說：「妳心裡面一定住了笨蛋、白痴、大便，所以你的眼中才會總是看到這些，口中說出這些。」

這種在又長又廣闊的人生記憶中只有一粒沙子大小的記憶碎片，給了我一雙溫柔的眼睛，看出去的世界大部分都是溫柔畫面。我不能阻止生活中出現一些討厭鬼或是爛事，但是我可以選擇看淡這些事，然後把目光放在讓我幸福的部分上。

如果今天你經過了漂亮的花圃，有許多漂亮的花朵，可是同時，花圃邊有團髒兮兮

的衛生紙，你會一直盯著衛生紙看，還是將
目光轉回花朵身上呢？我想一般人都不會繼
續盯著髒兮兮的衛生紙，會回過頭繼續欣賞
滿園的花朵。

花圃是一個人，花是優點、衛生紙是缺點。
不總是惦記著別人的缺點或過失，而是在走
過之後繼續感受生活中使人快樂的種種。

我不能阻止生活中出現一些
討厭鬼或爛事，
但是我可以選擇看淡這些事，
然後把目光放在讓我幸福的部分上。

特別

一直以來，我都非常希望自己是一個「特別的人」。希望自己給人的印象裡，有個強烈的特質。像是當一群人在聊天時講到「獨立」這個詞，其中認識我的人就會自然而然脫口而出：「大概像是 LuLu 那類型的吧。」

比起國高中時候的認知，我後來發現
「特別」這個詞，其實沒有很特別，
不一定要是什麼精湛的才藝、出眾的
容貌、耀眼的學歷或是優渥的物質生
活。而是在已經擁有的東西裡面，發
現了一樣你喜歡的、想堅持的，並且
堅持了，那就是你的特別。

這樣一想，平凡生活中的任何事情，
就算僅是一件小小的事情，都可能成
為你的不平凡。

在已經擁有的東西裡面，發現了一樣
你喜歡的、想堅持的，並且堅持了，
那就是你的特別。

未來，未來

我好像是一個很需要新的事物來刺激自己的人。像是時常更改房間的擺設，換手機殼，換電腦桌布，更新播放清單，還有尋找新的目標。很努力生活的日子裡，碰到停滯期的時候，就做點小改變提醒自己要好好過日子。小改變無法推我前進的時候、遲遲無法振作起來的時候，我會對自己說：「想要跨出下一步，就要徹底和過去告別。」

告別太過懶散的時刻、僥倖的心
態、羨慕別人的眼光。正視自己不
足之處，然後做出改變。每一次這
樣做，我都覺得自己好像變成了更
好的人。

走向未來的方法從來就不太難，只
是常常被眼前的雜事擋住視野而
已。

想要跨出下一步，
　　就要徹底和過去告別。

書籤

書桌抽屜，在伸手可及的位置一定放著幾張書籤。

當閱讀被打斷的時候，需要一個東西來阻止一連串的迷路。夾上書籤、闔上書本，這個動作不管做幾次都讓人安心。因為再次回到書桌前時，我不會迷失原本該前往的目的。

這種，為自己標示方向的動作重要的像呼吸一般，我好幾次都為此所救。如果眼前有路而我沒辦法立刻起身出發的時候，就把路記下來。人啊，稍微、稍微的為自己

的人生負點責任付出努力的時候，就會感
到安心，其實是很容易滿足的。

擁有很多想做的事、想到達的地方是好
事，別給自己設下太多界線，有能力去實
現夢想的時候就該貪心一些，畢竟誰也不
知道這些熱情能夠持續多久。太過忙碌或
太過疲憊而停下來的時候，只要牢牢記住
自己的目的地在哪裡。

整理好再出發，從來都不需要猶豫。

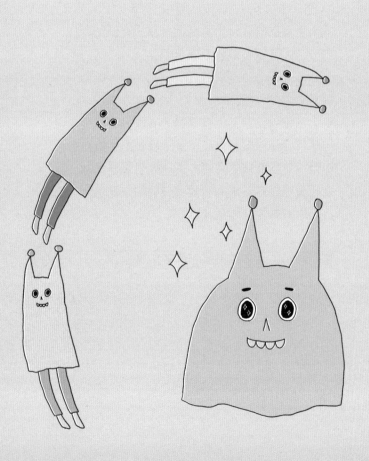

人啊，稍微、稍微的
為自己的人生負點責任、
付出努力的時候，就會感到安心，
　　　　其實很容易滿足的。

憎恨清單

有一陣子很流行一種正能量的生活方式 ──「感謝清單」，就是每天睡前都列出當天發生的五件「值得感謝的事」。我有時候也會這樣做，但是一段時間後我發現這個方式對我行不通，因為我常常在這個過程中想到更多值得抱怨的事情。

所以，我列了一份「憎恨清單」，把當天發生的所有讓人討厭的事情都寫下來。列完憎恨清單後，我會開始想要如何避免這些事，再把它們一個一個劃掉。然後，就可以心滿意足去睡覺了。

閃爍的時光

緩慢的成長，也是成長。那種緩慢有時候會慢到我感受不到，甚至忘記了自己正在為某件事情努力，然後有一天回過頭望，發現自己走了好長一段路。

許多事情都是這樣發生的，當努力已經融入我的生活，變成我的一部分之後，那種追逐著夢想的行為，不再那麼辛苦。反而讓我覺得很充實，很幸福。

停滯的時候和順利的時候，我都靜靜想著「沒關係」，然後繼續走著。不

預期接下來的風景是不是符合期望，
只是按照我一開始所決定的那樣走
著，於是美麗的旅程就這樣被走出來
了。

這樣講很夢幻對吧？因為，擁有目
標、為之努力，就是一件閃爍動人的
事呀。

擁有目標、為之努力，

　　就是一件閃爍動人的事呀。

回頭

我很念舊。回答那種「如果有時光機的話，你想回到過去還是前往未來」的問題，我一定毫不猶豫地選擇過去。

我很喜歡看以前的日記，看國高中時朋友寫給我的生日卡片，也很喜歡翻看手機裡的相簿，回顧一年前兩年前三年前的今天，我是什麼樣子，我喜歡回憶。

回憶的過程中，常常會有意想不到的驚喜。像是發現自己不知不覺畫了六年的插畫，而且至今仍然熱愛；看著

自己曾經流了好多眼淚的那些日子，
才發現「啊，原來我真的擁有告別錯
誤的能力呀。」

很多事情，都要等到好久好久以後，
回頭才會看見其中帶給我們的啟發和
成長。

很多事情，都要等到好久好久以後，回頭才會
看見其中帶給我們的啟發和成長。

挺好的人生

此時此刻，我對生活沒有太多的期許，每天都充實寧靜度過就好。

曾經，我喜歡把行事曆排得滿滿的，上個行程接著下個行程，做好多事、見好多人、累積好多經驗、把日子填滿也把自己填滿，那時候的生活，挺好的。

感覺到壓力的時候，就捨棄那些不太重要的事。有句話說：「如果你累了，學著休息，而不是放棄。」給自己一些空間，停下來想想自己要什麼。實現目標的過程中，休

息跟努力一樣重要，比起橫衝直撞的奔向終點，站穩腳步和調整速度絕對可以更確實地完成一切。停下來的時候，雖然有些不安，但一想到自己還堅持著，就覺得這樣挺好的。

茫然的時候，也不忘記累積自己。儘管對未來沒有太明確的規劃，可是每天都要認真地生活，認真地探索，尋找一些可以嘗試完成的小小目標。每一種經過取捨與選擇、被承擔和執行的人生，都挺好的。

每一種經過取捨與選擇、
　　被承擔和執行的人生，
　　　　都挺好的。

悲觀但正向的我

「我很悲觀，但是我很正向。」這句話聽起來很矛盾對吧！

常常有很多人透過我寫下的文字而判斷我是一個樂觀的人，但是從小開始我就是一個對事情容易悲觀的人。舉例來説，儘管我很認真準備一場考試，心裡有八成把握自己能夠及格，但我就是會為了另外那兩成機率心裡七上八下，直到結果出來。

但是我很正向，因為我對失敗和挫折的接受度很高，可以很快重整旗鼓，尋找解決方法。

悲觀但正向的我，雖然沒辦法凡事都往好處想，但是我不害怕遇到壞事，因為我相信自己能夠克服它。

我不害怕遇到壞事，
因為我相信自己能夠克服它。

化妝

小丑妝的重點之一,是會在嘴唇兩端
畫上上揚的弧線,這樣就算悲傷的
時候看起來也是笑著。雖然我要說的
化妝不是極端逞強的這種,可是我發
現,化妝真的可以幫助自己振作一點
點。

印象很深刻,高三時某個炎熱的午
後,班導陪我走去心理診所的路上,
她問我說:「妳最近怎麼每天都化
妝?」我說:「哈哈,因為化妝可以
讓心情變好啊!」然後我在心裡說:

「化了妝，多少可以蓋住自己憔悴又
徬徨的樣子吧。」

心情不好的時候可以從化妝開始，就
算沒有要出門也沒關係，讓自己美美
的，總是一件幸福的事。

讓自己美美的，
　　總是一件幸福的事。

大掃除

我喜歡整理，整理房間、整理衣櫃、整理書桌抽屜、整理人際關係。

整理的過程裡，我可以一一檢視自己所擁有的一切，哪些適合我，哪些該丟掉了，哪些會讓我感到幸福，哪些是多餘的。

至今為止的無數相遇、相識、相處，透過時間過濾、淨化，可以逐漸知道哪些人事物是適合自己的。而在這些累積裡，學習只留下那些讓我感到幸福美好的，

對會帶給我負面思考的人道別。美好的
生活，是這樣整理出來的。

每留下一樣東西，都更認識自己一點，
每丟掉一樣東西，都更接近自己一點

學習只留下那些
　讓我感到幸福美好的，
對會帶給我負面思考的人告別。

CHAPTER 03

我會長大的
我的愛也會

寂寞的人喜歡凝視
悲傷的人會撇過頭
勇敢的人試著微笑

誠實的人小小聲地說:「我可
以哭了嗎?」

信任

信任是感情中最堅固也最脆弱的部
分。我曾經認為愛是可以撐過所有考
驗、原諒所有錯誤的力量。直到我看
見了愛被信任一點點磨蝕掉的樣子，
才知道，原來信任這麼重要。

我並不知道怎樣才算好的愛情，我曾
經在沒有信任的狀態下努力去愛一個
人，經過了好多次的拉扯和失望，我
發現沒有信任，沒辦法愛人；沒有信
任的愛情，不是好的愛情。原來信任
這麼重要。

信任是什麼呢？

是我知道我在你心裡，像你在我心裡一樣重要。

是我知道無論你身在何處，你都掛念著我。

是我知道我們對彼此的責任和忠誠。

是我知道當我跟你説「我好想你」的時候，你恨不得立刻到我身邊來。

信任其實是溫和的事情，信任是愛帶給彼此的禮物，是自然而然發生的。因為信任從來都是愛的體現啊。

沒有信任的愛情，
　　　不是好的愛情。

晚安月亮

真奇怪，每次抬頭看見檸檬形狀的月亮，我就會想起你，想起我們度過的時光、一起做的事、一起說過的各種話題。我們一起流著眼淚說不能太過依賴彼此，我們像是對待易碎品般的輕輕擁抱彼此。

我總是會在許多事物景色裡，看見你
的影子，接著就是大片的記憶回放，
你就是那麼重要。儘管我們真的是很
遙遠的人了，你在我的生命裡依然是
那麼清晰地存在著，而你不知道。

我曾經設法透過各種方式忘記你，如
今卻努力透過各種方式想念你。

我曾經設法透過各種方式忘記你，
如今卻努力透過各種方式想念你。

沒有結局的故事

有時候我就是會想起你，儘管我們已經陌生好久了。你在我生命中是那樣強烈的存在過，是當時的我眼中的一切。我一直都知道，在人生的無數次相遇裡，本來就不是每段故事都能被寫到最後，我們就是屬於在途中被擱置和放棄的那一種。

我有時候會夢到你，在夢裡我們還是凝視彼此的那種關係。然後醒來時，失落感襲來。當我意識到這些名為回憶的東西仍然時不時出現在我生活中的時候，我就不抵抗了。想起你是沒

關係的，因為你曾經那麼重要。

這種感覺很奇妙，沒有結局的故事，最後都成為重要的部分存在我的記憶裡，而我想起來的時候，像在旁觀一本以自己為原型主角的小説。心情如同劇情一般高潮迭起，也可以感受到強烈的喜歡或悲傷，但旁觀者終究是旁觀者，記憶再深刻，都是別人的故事了。

你仍然重要，你給予的依然是我人生中不可取代的歲月，可是我已經前進了。

在人生的無數次相遇裡，
　本來就不是每段故事都能被寫到最後。

階梯

我談過那種，讓人感到窒息的感情；那種，
你們之間的一切都搖搖欲墜、即將毀滅，
但你仍然覺得只要再努力一點，就會好起
來的讓人窒息的感情。

經歷了讓人受傷的感情，花了一段時間斷
清關係，整理好自己之後，我知道了兩件
事：
一、有些東西是修不好的，承受過背叛的
感情尤其是。
二、當你心裡已經有了答案，剩下的就是
忍一時痛，好好道別。

後來有一天，我跟朋友聊到這件事，她心不在焉的說：「像你們這種有在談戀愛的人，人生中碰到一兩個混蛋是無法避免的啦。」我說：「真的，碰到錯的人，才會知道自己要的是什麼。」

在感情路上阻礙你去路的絆腳石，跨過之後，都會成為幫助你成長的階梯。

「人生中碰到一兩個混蛋
　　　　是無法避免的啦。」

你所牽起的她的手

把那偷偷地流過的好多眼淚，勇
敢地擦乾了。
還有無數次遭遇的挫折，熬過去
然後又站起來了。
為自己經歷過的大雨，撐了好多
次傘。
替身邊悲傷的人，溫柔地輕拍他
們的肩膀。

是一個那麼好的人，如果你牽起
她，要陪著她一起勇敢呀。

色素沉澱

去年打工的時候，意外燙傷了左手背，燙出兩個小小的傷口。他們一開始是微微隆起的水泡，消下去後變成灰灰皺皺的皮，這個灰灰皺皺的皮很脆弱，一不小心碰到就會裂開。裂開後的傷口變成赤裸裸的粉紅色，不時隱隱作痛著。經過無數次的化膿、結痂、破皮、再結痂，傷口終於合了起來，變成一小塊棕色的疤。

痊癒的過程就是如此，一開始異常冷
靜的情緒，可能因為一段回憶或是一
句問候而崩塌。接著這個傷口開始隱
隱作痛，裝作若無其事生活的時候，
卻因為一點消息，傷口反覆在惡化和
恢復之中。經過好長好長的折磨，他
才漸漸癒合，成為一道疤痕。

成為色素沉澱的傷口並不是消失了，畢竟發生過的事情是無法抹消的。只是當他不再那麼疼痛，我也不再那麼為此躁動。他仍然存在我的生活中，在寂寞的時候或太深的夜裡。

有些過去會幫助你成長，有些過去卻
會成為枷鎖，每當我望著手背上的棕
色疤痕，都默默想著：「下次一定要
小心，別再燙傷了。」

當它不再那麼疼痛，
　　我也不再那麼為此躁動。

最平凡的就是最好的

我後來,只想談很平凡的戀愛。

相遇相識相愛相處,偶爾吵吵架,然後抱一抱、和好。一起起床、一起刷牙,我負責準備早餐,你負責洗碗,一切自然而然,單純美好。

不再被那若有似無的安全感,和總是需要一再確認的「在乎」耍得團團轉。不再擔心你手機的另一端,是不

是有個別人正在攪和我們的感情。不
再每天每天問自己是不是真的愛你，
或你是不是真的愛我。

所有人都有可能在感情裡遭遇漩渦。
我說，如果心太過疲憊的話，就離開
吧。好事終究會發生的。

好事終究會發生的。

這一次好好談談

所有人都是為了變得更加幸福才相遇
的。

談戀愛這件事，就是不斷的從過去的
經驗和回憶中學習。關於愛人的方
法、陪伴的方式、拿捏說話的力道、
平衡感情中的得與失。愛人與被愛都
是需要不斷學習的事。透過一些幸福
和一些辛苦，逐漸知道自己要怎麼在
感情中當一個「被他愛著，也被自己
愛著」的人。

有些人會因為受傷變得堅強，相對
的，有些人在受了傷以後會變得膽
小。我曾經變得非常膽小，在感情中

小心翼翼地行動著，時時刻刻觀察對方的表情，耗費所有精力去思考如何應對進退才能讓一切變好。但是什麼事都沒有變好，只有我變得越來越不快樂。而我從來都覺得，談戀愛不應該不快樂。

讓我變勇敢的一瞬間，是我告別了不夠好的感情，將重心拉回自己身上的時候。儘管某部分的自己仍然猶豫著，但大部分的自己說：「我要長大了。」

不因為寂寞而愛人，不因為不捨而隱忍。所有人都是為了變得更加幸福才相遇的。

戀愛，這一次好好談談。

所有人都是為了變得更加幸福
　　　　　　　　才相遇的。

「我愛你」

一個人可以做到的事：吃早餐、看電影、旅行、運動、兜風。

愛自己的方式：化妝、打扮、閱讀、規劃人生、努力工作然後買禮物給自己。

一個人能做到的事情越多，兩個人一起做的時候越能享受快樂。越愛自己，愛別人的時候越不容易失去自己。

能夠獨處，能夠愛自己，就有能力對別人說：「我愛你」。

「我愛你」

停損點

你知道我為什麼生氣嗎？你也跟我一樣
難過嗎？你對我感到失望過嗎？

你從來沒有讓我失望過。

我可以理解兩個人越是相處，越是會看
見許多以前不曾注意的小瑕疵。畢竟我
們越來越靠近彼此、越來越深入對方的
生活。

可是我認為、我希望你也理解，我們相
處的時間越久，也應該要看見更多對方
可愛之處呀。雖然好事和壞事不能相抵，
可是每次我想起你的好的時候，就不願
意繼續和你爭吵。

每一次爭吵的時候，我感覺自己的所有感官都封起來了。你說的話像是頻率不對的廣播，充滿雜音，而且越來越大聲。我不知道該道歉還是反擊，其實我兩個都不想做，我只想走過去抱抱你。

我想，抱抱你，那些雜音就會消失了。

擁抱這個行為呢，雖然不能解決事情的根本，可是對於情緒激動的我們都是非常有效的定心丸。擁抱的那一瞬間，怒氣逐漸消失，溝通才終於開始。

下一次也要抱抱我好嗎？如果我們又吵架的話。

下一次也要抱抱我好嗎？
　　如果我們又吵架的話。

CHAPTER 04

我想躲起來一下

「光年」：覺得眼前一片黑暗的時候，記得，只是星星的光尚未到達呀。

活著

這些人，每天睜開眼就感到幸福；那些人，每天睜開眼都感到痛苦。

我昨天和今天是這些人，明天卻變成了那些人。每幾天就換到不同的隊伍，可是無論是覺得陽光溫暖的早晨，還是覺得陽光刺眼的早晨，我每天都有睜開眼。

「活著」這件事，大部分時候對我來說是沒有重量的。因為活著並不難，只要呼吸就好，吃飯、上廁所、睡覺，不斷重複這些事情一點都不難。

只是，有幾個瞬間，會被這兩個字重重地壓垮。悲傷的時候，飯推到眼前，卻一口都吞不下去；絕望的時候，閉上眼睛想像到的未來都是荒蕪景色；太過幸福的時候，誰都不知道幸福能不能陪著我到下一秒。情緒放大的時候，「活著」的重量也被加成了。

於是，在每年的第一天，我都會在新年新希望清單的最後一項寫上：「活著。」

情緒放大的時候，
　「活著」的重量也被加成了。

Good······Bye

因為「失去某個人或物」而心痛哭泣、失
魂落魄的經驗，雖然不是經常發生，可是
一旦發生，每一次都像第一次。

無論是主動還是被動，失去這件事，就像
是連根拔起已經在心上住了一段時間的
樹，把那些已深入生活充滿生命力的根、
瑣碎的小事和回憶、緊緊貼合著自己身體
的東西，全部用力拔起的感覺。然後那個
位置就空了，留下了一個傷口，在結痂之
前，輕輕一碰就痛的那種。

我試過好多方法來處理留在心上的傷口，
縱使不再接觸一切相關的回憶或事物，
但是他們仍然會在寂寞時襲上腦海。試著
說服自己別再想了、沒什麼好在意的、該

過去了、該走出來了，卻還是沒辦法真正走出來，常常不自覺又墜入深深的失落感中。

後來我懂了，對於失去，最好的治療就是「道別」。跟美好的、遺憾的、傷心的、困住我的那些事情，好好説再見。失去了，也要好好悼念他的不在及不再。

「謝謝你，對不起。我要前進了，我必須好好地、真正地跟你説 Good bye，然後才能跨出勇敢的下一步，踏實地生活，繼續為新的目標努力。」

Good……Bye.

失去了，
也要好好悼念他的不在及不再。

安好

哭泣沒關係，練習幫自己擦乾眼淚，
那麼往後經常哭泣也沒關係。

軟弱沒關係，試著對自己說實話，問
心無愧就沒關係。

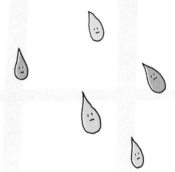

不善言辭沒關係、不善交際沒關係，
每天都要好好聽聽自己的聲音，能夠
獨處的話，有點寂寞也沒關係。

把自己過好，所有事情都會漸漸變
好。

能夠獨處的話，
　有點寂寞也沒關係。

沒有名字的溫柔

有一陣子低潮期，我每天都做惡夢。
有次跟朋友聊天，我隨口說道：「我
最近每天都做惡夢耶，每天早上都會
驚醒的那種。」

隔天早上我在睡夢中接到朋友的電
話，我接起來。

「喂～」
「早安。」
「嗯？早安？妳怎麼會打給我？」
「這樣妳就不會被惡夢嚇醒了。」

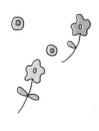

過得不順利的那段日子，經常覺得生活讓人失望，然而，生活其實不斷在給予希望。在一些小小的事情裡，埋下亮光，這些善意不一定是為了讓我變成更好的人或者讓我去到更好的地方，而是單純要讓我感到溫暖。

它們沒有理由，沒有目的，但是它們很溫柔。

它們沒有理由，
　　沒有目的，
　　但是它們很溫柔。

解開結

我是一個很容易打結的人。除了本身急躁又易怒的性格，加上事情一多或是安排得太緊湊的時候，我就會開始焦慮煩躁，連帶著影響到接下來做事的效率。雖然知道這樣很不好，但總是不自覺掉入這個混亂思考的狀態。

在一次又一次的小爆炸之後，我發現了，要停止這種狀態最好最快最有效的方法就是「開始做」。這個方法聽起來無聊又討厭，但每次都能幫助我冷靜下來。

從繁雜的事項中，挑出一項最簡單的、最快能完成的事情，開始執行它，這個行為就像是從一團打了結的線球中找到線頭，而做事情的過程，就像是沿著這個線頭慢慢拉出一條線一樣。

「開始做」之後，事情常常不知不覺便能順利運作，然後越來越上手，焦慮感也逐漸消失，幾次之後，我開始能夠在短暫的時間中將煩躁的心情穩定下來，把待辦事項一件一件寫下來、執行，再一件一件劃掉。

我覺得，生活中大部分的結都是
可以解開的，也許有些需要花上
比較長的時間，只要開始行動，
再混亂的狀態也都可以慢慢釐清。

把待辦事項
一件一件寫下來、執行，
再一件一件劃掉。

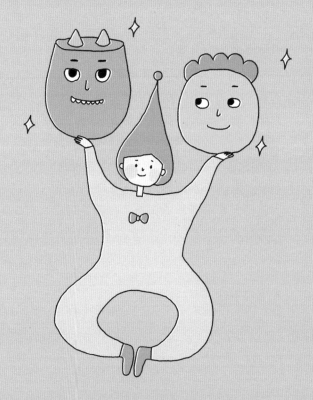

再見，童話故事

一輩子都在學習如何去接受那些不如預期的壞人壞事壞天氣。

每次聽到別人說：「嘿，別把事情想的那麼糟嘛，要樂觀一點呀」的時候，我都想著，樂觀不是只看見事情好的部分，或者認定事情會往好的方向發展。我覺得樂觀是，無論好的結果還是不盡人意的結果，都能夠接受，然後尋找改善方法。又或者是，遭遇了挫折還能夠想著：沒關係，我會好起來的。

幸福快樂的生活裡，總會有傷心落淚的幾天。我每天都在練習，遇到了不好的事情，可以躲起來一下，不可以逃走，要像紀錄那些快樂的日子一樣，也記得悲傷的模樣。

再見，童話故事，我會好好生活的。

要像記錄那些快樂的日子一樣，
也記得悲傷的模樣。

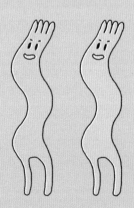

脆弱溫柔

脆弱這件事，不只存在於受過傷的人，而是所有人，包含那些堅強、好強、逞強的人。脆弱是在一瞬間鑽入人心裡的空隙，然後開始吞噬周遭一切。

生活偶爾就是會有那特別脆弱的幾天，沒來由的掉眼淚，或是莫名的無助感，因為是帶著情感在生活的人呀，所以更是無法避免脆弱的無所不在。

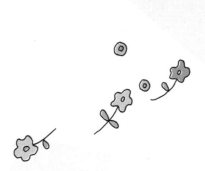

越是脆弱的時候，越要溫柔。

溫柔地原諒自己有時候就是不夠勇敢，溫柔地謝謝陪伴在身邊的人，溫柔地告訴自己會沒事的、會沒事的。脆弱雖然不可避免，但是可以練習面對。

脆弱雖然不可避免，
　　但是可以練習面對。

眼淚開花

小時候如果哭了，大家都會安慰著：
「沒事沒事，別哭別哭。」

可是現在如果我朋友哭了，我會説：
「哭吧哭吧，哭完再面對吧。」

眼淚呢，是真的可以舒緩心中的疼
痛、憤怒、和緊張的。

如果流下了眼淚，還是帶不走那些負面，就是需要你靜下心來克服的事情。真正的強者不是不會哭泣，而是不會一蹶不振。

在童話故事裡，美人魚流下的眼淚，會變成美麗的珍珠；在哈利波特裡，石內卜流下的眼淚，是珍貴的記憶。我覺得我留下的每一滴眼淚，都會開花。在我跨越困境後的每一滴眼淚，都是花。

在我跨越困境後的每一滴眼淚，
都是花。

飛翔的方式

身為一個曾經在無盡黑暗裡走不出來
的人，當時我一直想著，一個絕望到
底的人需要的拯救是什麼呢？

以我自己的例子來說，絕對不是「振
作點」、「沒事的」、「要樂觀」，
那些包裝在加油打氣背後的言語，其
實像是無端擊向自己的利刃。

雖然陪伴可以短暫的讓生活透出亮
光，可是後來就會發現沒有任何陪伴
是永無止盡的，畢竟一不小心，就有
可能使身邊的人一起墜落。

當我逐漸放棄尋找答案的好久以後，
我忽然明白了。我需要好長、好長的
時間，需要這個世界保持沉默，不要
太過問我的近況，而是照常運轉，照
常把好事壞事們帶來我的生活，我需
要一如往常地生活著，直到我能夠習
慣包圍自己的黑暗，接著就能看見眼
前的事物了。

「墜落的人，飛翔的方式是，放鬆身
體，放心墜落，直到你想乘上某陣
風。」

直到我能夠習慣包圍自己的黑暗，
　　接著就能看見眼前的事物了。

Delete

電腦上的刪除鍵，是我最常使用的一個按鍵。

出門逛街的時候，會希望包包裡的東西越輕便越好。然而，生活中不願意放手的事情卻太多，才讓前進的步伐變得太沉重。

把自己整理好，才能好好生活。把已經不需要的東西丟掉，刪除手機裡拍壞的照片，整理電子信箱中的郵件，清掃積了灰塵的書櫃，淨空才能讓新的事物進來。

每當我心情煩躁或是停滯不前的時候，我會整理衣櫃。把衣服一件一件摺好、按照季節顏色場合分類好，把一些不再穿的衣服整理裝箱。在跟物品告別的過程，同時也在練習如何跟那些過不去的事情告別。每次整理好衣櫃，我就能靜下來好好想想，我為什麼煩躁、此刻我需要什麼、該丟掉些什麼，然後，就可以再跨出下一步。

為生活按下刪除鍵，再把正確的字打上去。

為生活按下刪除鍵，
　再把正確的字打上去。

跨越的一刻

小時候曾經聽過一段話，讓我好生氣。那段話說：「原諒傷害你的人，他們替你上了寶貴的一刻，使你更加強大。」我心想，為什麼要原諒傷害自己的人呢？明明是因為自己克服了傷痛才變得強大呀。

後來，我發現生活中仍然充滿了許多不可原諒的事，像是都不做事的組員、奇怪的學校老師、偷吃我零食的哥哥。面對這些無法原諒的事情，最好的處理方法就是盡量忘記。心中的不滿再強烈，總是在睡個覺、洗個澡、喝杯飲料後，就被澆熄得差不多了。

不想原諒沒關係，試著忘記，別困住自己。

不想原諒沒關係，
　　試著忘記，別困住自己。

寫信

傷心的事情放在心裡，久了就堆成一
道牆，往後遇到所有事，不管是快樂
的不快樂的，所有情緒都會在到達某
個點後，被擋在牆後。

所有吃下去的東西都變得無滋無味，
所有聽到的話都變得沒有溫度，所有
看見的風景都有點模糊，此後生活開
始混成一團。

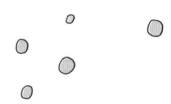

把想説的話，寫下來吧。準備説出口的、沒辦法説出口的，寫下來，就會稍微前進一點點。在心裡咀嚼這些情緒的過程，就像梳理打結的耳機線一樣。

比起誰發現了你的難過、靠近你安慰你，其實自己理解了自己的難過，才能夠更快地好起來，真正地好起來。

其實自己理解了自己的難過，
　才能夠更快地好起來，真正地好起來。

我想躲起來一下

作　　者／LuckyLuLu
主　　編／林巧涵
責任企劃／謝儀方
美術設計／白馥萌
手 寫 字／LuckyLuLu

總編輯／梁芳春
董事長／趙政岷
出版者／時報文化出版企業股份有限公司
108019 台北市和平西路三段 240 號 7 樓
發行專線／（02）2306-6842
讀者服務專線／0800-231-705、（02）2304-7103
讀者服務傳真／（02）2304-6858
郵撥／1934-4724 時報文化出版公司
信箱／10899 臺北華江橋郵局第 99 信箱
時報悅讀網／www.readingtimes.com.tw
電子郵件信箱／books@readingtimes.com.tw
法律顧問／理律法律事務所 陳長文律師、李念祖律師
印刷／勁達印刷有限公司
初版一刷／2020 年 6 月 12 日
初版六刷／2024 年 3 月 1 日
定價／新台幣 360 元

時報文化出版公司成立於一九七五年，並於一九九九年股票上櫃公開發行，
於二○○八年脫離中時集團非屬旺中，以「尊重智慧與創意的文化事業」為信念。

我想躲起來一下 / LuckyLuLu 作 . -- 初版 . -- 臺北市：時報文化，2020.06
ISBN 978-957-13-8220-3(平裝)　1.自我實現 2.生活指導
177.2　109006946